Alfred Reichel

Frisch eingeschenkt
–
Biergedichte der besonderen Art

© 2017, Alfred Reichel
Layout, Satz & Umschlaggestaltung: Malte Reddig
Herstellung und Verlag: BoD – Books on Demand, Norderstedt
ISBN 978-3-7431-2449-3

Bibliografische Information der Deutschen Nationalbibliothek:
Die Deutsche Nationalbibliothek verzeichnet diese Publikation
in der Deutschen Nationalbibliografie; detaillierte bibliografische
Daten sind im Internet über www.dnb.de abrufbar.

Für alle,

die nach Liebe

und Bier dürsten

#1 **Lebensfreude**

Hab ich mal keine
Lebensfreude,
bekomme ich wieder eine,
nach einem Bier, liebe Leute!

#2 **Dankbarkeit**

Ich bin dem Leben dankbar
für das, was es mir gibt.
Mein Leben ist meist wunderbar.
Ich liebe und werde geliebt.
Und geht's mir einmal nicht so gut,
hoffe ich auf baldige bessere Zeiten.
Ich trinke vergorenen Malz-Sud
und lache über unliebsame Kleinigkeiten.

#3 **Gesunde Tropfen**

So wie steter Tropfen höhlt den Stein,
schützen Tropfen in Form von Bier und Wein
vor gefährlichen Arteriosklerosen,
wenn genossen in kleinen Dosen.

#4 **Herrlich so ein Bier**

Die Bierkomponenten den Gaumen streicheln
und gleichzeitig auch der Zunge schmeicheln.
Der große Durst wird gedämpft,
weil mit Bier bekämpft.
Schnell wird der Geist vom Alkohol umrundet.
Ach, wie herrlich das Bier doch wieder mundet.

#5 **H_2O**

Wasser oder H_2O
nehm ich zum Waschen von Gesicht und Po.
Ich trink's auch bei Grippe mit hohem Fieber.
Ansonsten aber trinke ich Bier viel lieber.

#6 **Sandmännchen**

Ich hätte vom Sandmännchen statt Sand
lieber Bier für die Reise ins Schlummerland.

#7 **Trinke**

Trinke, wem ein Bier gegeben.
Wem nicht, der lasse es eben.

#8 Bier-Kalibration

Bier ist das Maß aller Dinge,
weshalb man mir schnell eines bringe.
Damit ich mich kalibriere
mit dem guten Biere!

#9 Warum?

Bier ist das, was wir zu trinken brauchen.
Alles andere kann man in der Pfeife rauchen.

Bier – warum gerade Bier?
Weil so Trinken einfach Spaß macht!

#10 Goldene Bierregel

Was du willst, das man dir tu,
das füg auch einem andern zu.
Ich will jetzt ein Bier
und ein Bier schenk ich auch dir.
Prost!

#11 Knaller-Bier

Willst du, dass es in deinem Kopf nach 2 Bier knallt,
dann wähle Bier mit einem hohen Alkoholgehalt.

#12 **Heiter**
Uns geht's gut. Uns geht's toll.
Wir trinken Bier mit Alkohol.
Wir sind beschwingt und fühlen uns wohl.
Der Grund dafür ist der Genuss von Alkohol.
Irgendwann dreht das Dur aber ins Moll.
Schuld ist zu viel Bier mit zu viel an Alkohol.
Besser ist's, wir bleiben bei „heiter"
und trinken dann nicht mehr weiter.

#13 **Bier-Wein-Wunder**
Eine Flasche Weizenbier zieht mich empor.
Ein Glas Bordeaux bringt mich wieder herunter.
Das kommt recht häufig vor,
dieses Hoch-Runter-Wunder.

#14 **Wir**
Aus einem „Sie" wird schnell ein „Du",
kommt Bier dazu.
Aus „Du" und „Ich" wird „Wir"
beim Bier.

#15 Inspirationsbier

Gute Gedanken fließen,
wertvolle Ideen sprießen
- inspiriert vom Bier
und der Lebensgier.
Lasst uns einen hinter die Binden gießen.

Bier verhilft den Gedanken zu freiem Lauf.
Die Lebenslust setzt noch einen drauf.
Inspiration ist die Seele des Biers.
Drum trinken wir's.
Sauf mein Freund, sauf.

#16 Vorfreude auf Fußball

Endlich geht's los.
Endlich Anstoß.
Endlich. Endlich.
Wir gewinnen selbstverständlich.
Unser Verein gewinnt – und damit basta.
Zur Siegerfeier gibt's dann Bier mit Pasta.

#17 Stoßgebet

Lieber Gott, lass unsere Mannschaft einen Strafstoß
bekommen und ein Tor machen, damit wir Grund
haben,
mit unseren Biergläsern anzustoßen.
Prost im Voraus!
Für ein Stoßgebet
ist's nie zu spät.

#18 Gott mag Bier

Gottes Wort gilt.
Er sagt, wir sind sein Ebenbild.
Und daraus schließen wir,
Gott mag wie wir gutes Bier!

#19 Faszinierend

Kein Getränk auf dieser Welt fasziniert mich so sehr,
und je mehr ich es trinke und kenne sogar umso mehr
–
das Bier!
Geht's dir nicht auch so wie mir?!

#20 **Genügend Bier**

Mögen wir immer mehr Bier im Keller haben,
als wir zu trinken vermögen.
Denn mit genügend Bier im Keller kommt uns der große Durst nie ungelegen.

#21 **Entspannung pur**

Fließt das erste Bier in unsere Krüge,
entspannen sich unsere Gesichtszüge.
Ist das Erste erst im Bauch,
entspannt sich der Rest auch.
Auf gute Entspannung – Hoch die Krüge!

#22 **Unwiderstehlich**

Bier wird dich begleiten
in guten wie in schlechten Zeiten.
Du bringst dein Leben in Einklang
mit etwas Bier – ein Leben lang.
So muss auch ich gestehen,
ich kann einem Bier nur selten widerstehen.

#23 **Sonne, Mond und Sterne**

Im Osten geht die Sonne auf.
Im Westen geht sie unter.
Ja, so ist der Sonnenlauf.
Wir trinken Bier darunter.

Nachts haben wir weniger Sicht,
auch wenn Mond und Sterne funkeln.
Dann machen wir uns eben Licht,
denn wir trinken nicht im Dunkeln.

Prost liebe Sonne.
Prost Mond und Sterne.
Wir trinken voller Wonne.
Wir haben euch so gerne.

#24 **Zauberkraft**

Mein geliebtes Bier ist nicht ohne,
denn unter seiner Schaumeskrone
stecken erst seine wahren Werte.
Egal ob nur Laie oder gar Experte,
jeder mag des Bieres Zauberkraft,
die uns so viele Freuden verschafft.

#25 **Alkoholmenge**

Rund 0,5 mol Ethanol,
bekannt als Trinkalkohol,
schlucken wir
mit einer Halben Bier.
Zum Wohl!

Ethanol, wie soll's auch anders sein,
steckt auch in Schnaps und Wein.
Die Ethanol-Moleküle
erzeugen schöne Gefühle.
Prost und schenkt euch ein.

#26 **Bierig-bitter**

Medizin muss bitter schmecken,
um neue Lebenskräfte zu wecken.
Pils schmeckt bierig-bitter.
Pils macht Geschwächte wieder fitter.

#27 **Gut**

Wecke das Gute in dir,
trinke ein, zwei Bier!

 **Geständnis**

Ich bin glücklich, mir geht's gut,
doch da kommt er, der Übermut.
Um noch etwas glücklicher zu sein,
schenke ich Bier und Wein mir ein.
Und schon ist der Alkohol im Spiel.
Manchmal trinkt man dann zu viel.

 Möglich

Hat man zu viel Bier getrunken,
kann es sein, man ist betrunken.
Ist man aber noch nicht dicht,
brennt im Kopf also noch Licht,
wird oft noch weitergetrunken.

 Am schönsten

Schön ist's auf der Welt
auch ohne Gold und Geld.
Schöner ist's mit Geld und Bier.
Am schönsten aber mit Bier und DIR :-*

#31 Ich liebe dich

Glaub es oder glaub es nicht:
Ich liebe dich.
Ich sag das nüchtern, bin nicht dicht:
Ich liebe nur dich.

Ich denke täglich 1000 mal an dich.
Ich liebe dich.
Ich trinke Bier allabendlich.
Es schmeckt mir nicht ohne dich.

Komm zu mir
auf ein Bier.
Du und ich –
Ich liebe dich <3

#32 Allabendlich

Bier trinke ich
allabendlich.
Mal weniger, mal mehr.
Eher mehr
ohne dich.

#33 **Ohne dich**
Bier und Wein
schmecken fein.
Aber ohne dich
sind sie für mich
nicht mehr so fein.

#34 **Herzensdiebin**
Hab mich lieb,
du Herzensdieb.
Schenk mir wieder deine Liebe ein,
sonst betrinke ich mich mit Bier und Wein.

#35 **Voll Glück**
Heute ist ein schöner Tag,
wie ich ihn eigentlich so mag.
Was ich zum vollen Glück aber noch brauche,
ist ein kühles leckeres Bier in meinem Bauche.
Drum trinke ich jetzt mein Glas genüsslich leer
und fühle mich prima wie ein Honigkuchenbär.

#36 **Immerhin Bier**

Ich trinke, wenn ich traurig bin.
Ich trinke, wenn ich lustig bin.
Ich trinke mit und ohne Freundin.
Ich trinke draußen und auch drin.
Ich trinke ohnehin.
Ich trinke auch ohne Sinn.
Ich trinke BIER – immerhin!

#37 **Kneipgänger**

In die Kneipe kommt, in die Kneipe geht,
wer auf Bier steht.
So wie wir.
Prost mit Bier!

#38 **Durstlöscher**

Daheim und in unserer Kneipe
rücken wir dem Durst zu Leibe.
Bier ist unser Durstlöschmittel.
Bier wirkt generell und schnell.

#39 **Bier-Erfindung**

Für unseren großen Durst wurde das Bier erfunden.
Mit Bier kommen wir durstig am besten über die
Runden.

#40 **Durst nach Bier**

Den Bierdurst kann man nie vertreiben.
Der Durst nach Bier wird immer bleiben.

#41 **Ganz egal**

Egal, woher der Wind auch weht,
egal, ob du weißt, wo dir der Kopf steht,
egal, ob dich gerade niemand versteht,
egal, zu was man dir auch rät
- für ein Bier ist's nie zu spät.

#12 Mit Bier

Das Leben ist, so wie es ist,
einmal heiter, einmal Mist.
Das Leben verläuft in Wellen.
Ratsam ist's, sich Bier bereitzustellen.
Bier ist der Leuchtturm im Wellenmeer.
Bier lotst dich durch das ganze Hin und Her.
Bier erdet dich in den heiteren Stunden.
Bier bringt dich über die mistigen Runden.
Bier lässt dich über den Wellen schweben.
Mit 1-2 Bier durchs tägliche Leben.

#13 Guter Plan

Frisch gestärkt
geht's ans Werk.
Und ist die Arbeit dann getan,
trinken wir Bier. So ist der Plan.

#14 Guter Plan B

Ich genehmige mir
jetzt noch ein Bier.
Das ist bestimmt ein guter Plan.
Ich fange gleich zu trinken an.

#45 **Liebe zu Bier**

Vielleicht geht's dir so wie mir?
Ich liebe Bier.
Warum? Das ist nicht entscheidend.
Ich liebe Bier schlicht und ergreifend.

#46 **Schwupps**

Schwupps war die Flasche leer.
Mein Bier, das ich geliebt so sehr,
war weg!
Oh Schreck!
In meiner großen Gier
habe ich wohl geext das gute Bier.

#47 **Treue**

Nach einer langen Nacht mit zu viel Alkohol
fühlst du dich am andern Morgen gar nicht wohl.
Du bist verkatert, übermüdet und voller Reue,
aber du weißt, dem Bier hältst du weiter die Treue.

#48 **Kopfschüttel-Bier (zur US-Präsidentschaftswahl am 9.11.2016)**

Wir leben in einer verrückten Welt,
in der man Trump zum Präsidenten wählt.
Man bringe mir
viel Kopfschüttel-Bier.

#49 **Trump**

Trump will Amerika wieder groß machen.
Der Rest der Welt hat dabei nichts zu lachen.
Trump trampelt durch die Welt.
Ihn interessieren weder Freihandel noch Umwelt.
Ich suche ein wenig Trost
im Bier. Prost.

#50 America first

Für Trump sind nicht alle Menschen gleich.
Erst kommen seine Amis. Er macht sie reich.
Der Rest interessiert ihn wenig,
denn Trump ist schließlich USA-König.
Die USA zuerst -
geht nur, wenn du dich einen Dreck um andere scherst.
Trump ist blond wie Bier,
riesig seine Gier…
Ich merk, ich frier.
Ich brauch ein Anti-Gänsehaut-Bier.

#51 Feinde

Es irrt der, welcher meint,
der Islam wäre sein Feind.
Die Feinde sind, das sag ich dir,
Fremdenhass, Bluthochdruck und zu viel vom Bier.

#52 Lächeln :-)

Vor und nach dem Essen,
zu lächeln, nicht vergessen.
Lächelnd durch den Tag
vermindert des Tages Plag.
Dazu noch ein Bier und einen Kuss,
solch ein Tag hat dann Hand und Fuß.

#53 Tierchen

Gott hat die Welt erschaffen
- Menschen, Löwen und Giraffen.
Auch das kleine Mückentierchen,
das da schwimmt auf meinem Bierchen.
Ich lasse es am Leben,
da Gott mir sympathisch ist, deswegen.

#54 Vier gewinnt

Jeder kennt den leckeren Tropfen
aus Wasser, Malz, Hefe, Hopfen.
Es gewinnen diese vier,
im Zusammenspiel ergeben sie Bier.

#55 Woher kommt was?

Aus Milch macht man Käse.
Wein gibt's aus Trauben nach der Lese.
Für Bier braucht's gerstige Getreide.
Aus China kommt ursprünglich die Seide.
Mich hat der Storch gebracht.
Die Welt ist in Ordnung. Gute Nacht!

#56 **Wer**

Wer bin ich?
Biertrinker mögen mich.
Ich bin weder Pflanze noch Tier
und schwimme rum in trübem Bier.

Werde Saccharomyces cerevisiae wissenschaftlich genannt
und bin als …. wohlbekannt.

#57 **Wahrheit**

Ich liebe Bier im Herbst und Winter,
aber im Frühjahr und Sommer nicht minder.
Ich liebe Bier übers ganze Jahr
- das ist wirklich wahr.

#58 **So und nicht anders**

Statt rauchender Colts lieber rauchende Köpfe.
Statt wütender Glatzen lieber lustige Zöpfe.
Statt kleinem Lottogewinn
lieber einen Kuss von der Freundin.
Aber kein statt Bier lieber Wein.
So und nicht anders soll es sein.

#59 **Bauernregel**

Meint der Bauer, es wiehert sein Stier,
hat er wohl getrunken zu viel vom Bier.

#60 **Biertrinken mit Weitblick**

8 Halbe Bier und mehr liebte jeder gar sehr,
wenn nur der Kater am nächsten Tag nicht wär.
Aber morgen ist uns heute Wurst,
denn heute bekämpfen wir unseren großen Durst.
Der Kater danach ist nur eine kurze schmerzliche Störung.
Zurück aber bleibt die wunderbar-herzliche Erinnerung
an einen Abend mit Freunden in bieriger Geselligkeit.
Glücklich, wer solch Erinnerung behält bis in alle Ewigkeit.
Drum trinken wir heute getrost.
Amen und Prost!

#61 **Nur ein Traum**
Zwei dicke Semmelknödel auf dem Teller.
Daneben ein volles Glas gutes Weizenbier.
Zu wissen, noch genügend Bier ist im Keller.
Lauter gute Freunde sitzen am Tisch mit mir.
Davon träume ich hungrig und durstig gerade.
Leider nur ein schöner Traum – Schade, schade.

#62 **Paradiesisch**
Wer gutes Bier sein eigen nennt,
der etwas vom Paradiese kennt.

#63 **Wie Dynamit**
Erdrücken dich deine Sorgen?
Hast du Angst vor morgen?
Fühlst du dich mutlos, wie gefangen in einem Kokon aus Stein?
Dann pfeife dir dringend 1-2 Bierchen rein.
Wie eine Ladung Dynamit sprengen die dich frei.
Und mit deiner schlechten Stimmung ist's vorbei.

#64 **Sinnlich**
Seit mein Mund dich berührt,
hast du mein Herz berührt,
hast du mich verführt,
mich ins Reich der Sinne entführt,
dort habe ich Wunderbares verspürt.
Geliebtes Bier,
ich danke dir dafür.

#65 **Tag des Lächelns (1. Freitag im Oktober)**
Ich dauerlächle heute vor mich hin,
nicht etwa weil ich bekifft bin oder spinn.
Nein, heute ist Tag des Lächelns wie jedes Jahr
am ersten Freitag im Oktober. Wunderbar!
Da lächle ich doch gerne mit.
Zudem macht Lächeln bei mir
großen Appetit auf Bier.
Prost und hip, hip, hurray
auf den World Smile Day!

#66 **Stimmung im Bierzelt**
Die Stimmung im Bierzelt steigt und steigt.
Kein Wunder nach so viel Bier und Schnaps.
Saufen, bis sich der Tag zu Ende neigt
oder bis zum alkoholbedingten Kollaps.

#67 **Biertrinkgründe**

Ich trinke Bier, weil Bier mir schmeckt
und meine Lebensgeister weckt.
Zudem sollen, wie auch beim Wein,
moderate Mengen Bier gesund sein.
Ich gebe es zu, denn was soll's,
ich trinke Bier auch wegen seines Alkohols.

#68 **Frei**

Wir sind frei.
Wir haben frei.
Wir sind so frei.
Zeit für ein Freibier!
Möglichst nicht alkoholfrei ;-)

#69 **Gern**

Ich esse viel und trinke gern.
Alles Asketische liegt mir fern.
Besonders gut schmecken mir
alle Arten von Weizenbier.

#70 **Zu deinem Glück**

Was du brauchst zu deinem Glück im Jetzt und Hier,
ist oftmals nur ein frisches gutes Bier!
Nicht zu vergessen natürlich die Freundin,
denn sie gibt deinem Leben erst Liebe und Sinn :-*
Prost und Kuss
vom Chemikus.

#71 **Ich – Alfred Reichel**

Ich bin ein Mensch und lebe nicht nur von Luft und Liebe.
Ich bin ein Mensch mit Launen, Zielen, Gefühle und Triebe.
Ich glaube an dich, an Gott und das Gute in der Welt.
Ich bin verbeamtet und nicht angestellt.
Ich unterrichte Chemie und nicht Geschichte.
Ich schreibe keine Wein- sondern Biergedichte.
Ich arbeite als Lehrer in Stuttgart und nicht in Trier.
Ich liebe meine Freundin und ich trinke gerne Bier.

#72 **Gefallen**

Es gibt viel auf der Welt,
was mir sehr gut gefällt.
Aber am meisten gefallen mir
meine Freundin und süffiges Bier.

#73 **Zuprosten**
Proste ihr zu. Vielleicht prostet sie ja zurück.
Und vielleicht ergibt sich so das große Glück.
Findet sie Bier zu gewöhnlich und nicht fein,
dann lass es mit ihr vielleicht besser sein.

#74 **Glauben, Liebe, Hoffnung**
Ich glaube an die Liebe zwischen Frau und Mann.
Ich hoffe, die große Liebe trifft jeder irgendwann.
Ich hoffe, du liebst mich
mindestens halb so sehr wie ich dich.
Ich hoffe auf eine bessere Welt,
in der vor allem die Liebe zählt.
Ich glaube an das Gute im Bier mit seinen 5 Prozent.
Ich glaube, ich habe mein halbes Leben verpennt.
Ich hoffe, wir trinken nachher ein Bier zusammen.
Prost und Amen.

#75 **Weise**
Meine Freundin ist heiß <3
Ihr steht besonders rot, schwarz, weiß.
Wer Gewalt wählt, hat 'ne Meise.
Bier trinken ist weise ;-)
Das ist so, ohne Scheiß.

Liebeswirkung

Liebe ist,
wenn sie mich küsst
und ich dabei vor Glück die Grammatik vergisst.
Schöner, wunderbarer Mist.
Ähnliche Wirkung zeigt auch der Bieralkohol.
Prost. Zum Wohl.

 Große Liebe

Sie ist die Liebe meines Lebens.
Ohne sie ist alles vergebens.
Ich möchte sie küssen, küssen, küssen… :-*
Ich möchte sie nie missen müssen.
Teilen würde ich mit ihr
sogar mein letztes Weizenbier <3

#78 **Die Beste**

Du bist noch viel süßer als Zuckerwatte.
Du bist reizvoller als jedes Bier, das ich je hatte.
Küsst du mich bin ich glücklich.
Du bist die Beste. Ich liebe dich.
(Ich hoffe, du liebst auch ein wenig mich.)

#79 **Vermisse dich**
Würden wir uns nicht vermissen,
dann wären wir uns egal.
So aber freuen wir uns aufs Küssen,
obwohl das Warten ist 'ne Qual.
Kein Bier kann diese Qual lindern.
Kein Bier verkürzt die Wartezeit.
Kein Bier kann diesen Schmerz verhindern.
Kein Bier hat mich bisher von der Last befreit.

#80 **Liebessucht**
So wie der Alkoholiker giert nach Bier,
noch viel mehr fehlst du mir.
Ich brauche dich.
Ich liebe dich.
Ich bin süchtig nach dir <3

#81 **Du und ich**
Vor Jahren wurde aus Du und Ich ein Wir.
Seither lieben wir uns, trinken zusammen Bier.
Ich wünschte, dies Wir bleibt ewiglich.
Ich hoffe, du liebst mich, so wie ich dich.

#82 **Liebeserklärung**

Sie hat so sexy Beine.
Sie oder keine.
Ich kuschle so gerne mit ihr.
Wir trinken beide gerne Bier.
Sie ist klug, hilfsbereit und nett.
Sie macht mein Leben erst komplett.
Warte ich auf sie, wird die Zeit zur Qual.
Mir bleibt gar keine andere Wahl
als sie zu lieben.
Das oben Gesagte ist nicht übertrieben.

#83 **Lieben**

Vielleicht geht's dir
ja so wie mir?
Dann liebst du mich
so wie ich dich.
Warum? Das ist nicht entscheidend.
Wir lieben uns schlicht und ergreifend.
Wir haben zudem ähnliche Interessen.
Wir beide sind auch auf Bier versessen.

#84 **Schrei**

Mir geht's gut. Mir geht's fein.
Und trotzdem könnte ich schrei'n:
„Wir sind uns doch alle Wurst.
Das Leben ist voller Durst."
Gegen Letzteres schenk ich mir ein Bier ein.

#85 **Frauen**

Der Wauwau
hat seine Hundefrau.
Der Eber hat seine Sau.
Nur er hat keine,
denn fort ist die Seine.
Er weint um die Eine.
Die Tränen tropfen ihm ins Glas
und machen sein Bier ganz nass.
Liebt dich deine Frau, dann sei froh,
morgen ist's vielleicht nicht mehr so.

#86 Liebeskummer

Liebeskummer ist,
wenn man seine große Liebe vermisst,
weil sie nicht mehr bei einem ist.

Sie hat dich geliebt, geküsst
und so dein Leben versüßt.
Jetzt ist alles Mist.

Liebe Erinnerungen werden zur Qual.
Alles ist in Unordnung und in Zerfall.
Vorbei – es war einmal.
PS: Selbst das Bier schmeckt schal.

Leiden, trinken, weiterleben.
So ist das mit dem Liebeskummer eben.
Die Zeit heilt alle Wunden,
dauert's auch tausende von Stunden.
Eine liebe Erinnerungsnarbe bleibt zurück
- zum Glück <3

#87 Ohne Wert

Wie ein Muster ohne Wert,
wie eine Bierwürze, die nicht gärt,
wie eine Oper ohne Chor,
so komme ich mir ohne dich vor.
Das Leben scheint kaum lebenswert.

#88 Geliebt

Sie liebt mich.
Sie liebt mich nicht.
Sie liebt mich.
Sie liebt mich nicht.
Sie liebt mich nimmer.
Nur Bier liebt mich immer.

#89 Verlassen

Allein und verlassen
trinkt er Bier in Massen.
Früher wurden diese geteilt durch zwei.
Leider ist diese glückliche Zeit vorbei.
Er kann sein Alleinsein noch nicht fassen.

#90 Verkateter Liebeskummer

Der Kater gehört zum Bier wie der Liebeskummer zur Liebe
- sie sind beide die dunkle Seite des Schönen.
Aber deshalb auf Liebe und Bier verzichten?
Auf keinen Fall. Nein!
Küss mich und schenk mir ein.

#91 Liebesaus

Ach, dein Herz tut dir weh so sehr.
Deine Freundin liebt dich nicht mehr.
Jetzt bleibt dir nur noch die Liebe zum Bier.
Ich komme, dich trösten und saufe mit dir.

#92 Die Liebe

Die Liebe öfters kommt und geht,
aber die Liebe zu Bier immer besteht.

#93 Vergessen

Es ist alles Mist,
seit sie nicht mehr bei ihm ist.
Er ist allein,
trinkt viel Bier und Wein.
Es wird Zeit, dass er sie vergisst.

#94 Belohnung

Ich sehe Licht am Horizont.
Dort steht ein Haus von Bier bewohnt.
Das Haus ist mir wohlbekannt.
Dies Haus wird auch Kneipe genannt.
Geh hin und du wirst mit gutem Bier belohnt!

#95 **Aufbruch**

Zu neuen Ufern aufbrechen.
Alte Zelte abbrechen.
Nach vorne schauen.
Auf Gott vertrauen.
Alles wird gut.
Hab Mut.
Ab und zu ein Bier gezischt.
Die Sorgen sind wie weggewischt.

#96 **Winterzeit**

Liebe Erwachsene, liebe Kinder,
es wird Winter!
Bitte seid so nett
und bringt eure Kinder ins Bett.
Kommt dann alle herbei
und bringt mir Bier vorbei.
Zieht euch warm an
und bitte denkt daran:
Ein Weihnachtsbier
ist besser als kein Bier…

#97 **Geschenk**

Schenken ist oft eine Bürde.
Schenke Freude und Genuss.
Schenke einen persönlichen Gruß.
Schenke, was dir als Beschenktem gefallen würde.

Mein Geschenk sei Bier.
So schenke ich
mich
dir.

#98 **Weihnachtliche Vorfreude**

Lichterketten, Lebkuchen überall.
Man hat gar keine andere Wahl,
als immer an Weihnachten zu denken.
Selbst Weihnachtsbier kann davon nicht ablenken.
Noch ist's weihnachtliche Vorfreude und keine Qual.

#99 Rauscheengel

Nach 10 Weihnachtsbier ist er berauscht
und sieht einen Engel herangerauscht.
Den Rauscheengel sieht nur er.
Für heute trinkt er keinen Tropfen mehr.
Die anderen sehen den Engel nicht;
fast fertig ist dies Bier-Gedicht.
Und die Moral von der Geschicht:
Glaube dir nach 10 Bier selber nicht!

#100 Adventszeit

Weihnachten steht vor der Tür.
Wir freuen uns, trinken Weihnachtsbier.
Prost auf den Herrn der Herrlichkeit.
Weihnachten ist nicht mehr weit.

#101 Weihnachtsbier

Weihnachtsbier schmeckt mir gar prächtig.
Bei seinem Genuss werde ich ganz andächtig.
Ich schließe die Augen, höre Engelein singen.
Stelle mir vor, wie sie mir Nachschub bringen.

#102 Weihnachtslimerick

Das Christkind beschenkt uns still und leise.
Jeder liebt Weihnachten auf seine Weise.
Der Schnee färbt alles weihnachtlich weiß.
Weihnachtsbier trinkt man kühl, Glühwein heiß.
Nach Weihnachten fallen dann die Preise.

#103 Adventskranz und Bier

Himmlisch ist's, wenn am Adventskranz die Kerzen brennen.
Du kannst mich deshalb gerne einen Romantiker nennen.
Wunderschön ist's aber auch,
wenn Weihnachtsbier fließt in meinen Bauch.
Weihnachtsbier trinkend im Schein der Kerzen,
so lässt sich der Alltag bestens verschmerzen.

#104 Bierglas

Ist das Bierglas einmal leer,
hoffe ich auf des Bieres baldige Wiederkehr.
Denn nur ein volles Bierglas
ist ein gutes Bierglas ;-)

#105 Winter

Er ist da der Winter,
liebe Kinder.
Frau Holle lässt's schneien wie verrückt.
Die Kinder freut's, sie sind entzückt.
Frostig-kalt ist's. Der Schnee bleibt liegen.
Ich schippe Schnee, damit die Leute nicht auf die Fresse fliegen.
Nach getaner Arbeit
steht schon ein Bier bereit ;-)

#106 Zum Wohl

Die Welt ist eingeschneit,
aber ich bin gut vorbereit'.
Ich hab genügend Bier im Haus
und muss nicht in den Schnee hinaus.
Ich bleib in meinem warmen Zimmer
und trinke dort mein Weihnachtsbier.
Ich muss dürsten nimmer.
Ach, wie wohl ist mir.

#107 Weihnachtsmarkt

Der Weihnachtsmarkt ist aufgebaut.
Die Herzen sind vom Glühwein aufgetaut.
Aber nach zwei bis drei Gläser Glühwein
darf's auch mal wieder ein Fläschchen Bier sein.

Harfenklänge, Chorgesänge.
Mandel- und Glühweinduft in der Luft.
Alles ist sehr harmonisch hier.
Mir fehlt nur ein Stand mit Weihnachtsbier!

#108 Heimweg vom Weihnachtsmarkt

Mein Auto bleibt in der Garage geparkt.
Ich gehe jetzt heim vom Weihnachtsmarkt.
Unter meinen Stiefeln knistert der Schnee.
Tut mir von der klirrenden Kälte die Nase weh?
Oder trank ich zu viel Glühwein aus meinem Glase?
Vielleicht kommt daher die schmerzende rote Nase?
Mit Weihnachtsbier
wäre mir
das garantiert
nicht passiert!

#109 **Jesuskind**

Während ich am Bierchen nippe,
denke ich ans Kind in der Krippe.
Jesus, zerbrechlich und arm,
liegt da zum Gotterbarm.
Unwichtig sind Macht und Geld.
Was zählt ist die Liebe auf der Welt.
Die Liebe zu dem Nächsten und zu dir.
Und auch ein wenig die Liebe zu Bier.
Besonders dann, wenn's ein Weihnachtsbier ist,
das Bier, das was Besonderes ist, wie ihr wisst.

#110 **Gedanken zum Advent**

Wie sehr werden wir doch von Gott geliebt,
dass er uns seinen Sohn hergibt.
Und außerdem schenkt er dir und mir
auch noch köstlichstes Weihnachtsbier.
Unserem Herrgott sei Dank
für diesen himmlischen Trank.

#111 Prost mit Weihnachtsbier

Dick liegt Schnee auf den Dächern und den Straßen.
Auf den Weihnachtsmärkten dampft Glühwein aus den Tassen.
Viele Menschen sieht man hektisch umherlaufen.
Sie müssen vielleicht noch Weihnachtsgeschenke kaufen.
Ich dagegen trinke in Ruhe weihnachtlichen Hopfentee
und schaue dabei von innen nach draußen auf den Schnee.
Prost auf ein friedliches Weihnachten!
Prost, wir sollten mehr auf uns achten!
Prost auf mehr Gelassenheit!
Prost auf eine segenreiche Zeit!
Selig trinke ich mein Glas Weihnachtsbier leer
und schicke für jedes Prost ein neues Glas hinterher.

#112 Weihnachtsfeier

Bald jeder kennt meine alte Leier.
Sie gilt für jede Weihnachtsfeier:
Bei allen weihnachtlichen Festen
schmeckt Weihnachtsbier am besten!

#113 Breit

Bist du breit
in der Weihnachtszeit,
so hast du nichts kapiert
und zu viel Weihnachtsbier probiert.

#114 O Gott

Die Armen, die Reichen, die Fürsten
- alle Menschen dürsten
nach dir
Gott (und ich dürste auch noch nach Bier).

#115 Bierige Weihnachtsgaben

Unter meinen Weihnachtsgaben
möchte ich verschiedene Biere haben.
Biere von nah und fern.
Biere von einem anderen Stern.
Biere vom Paradies.
Biere – alkoholisch, hopfig, leicht süss.

#116 Lieber Jesus

Gott, du bist Mensch geworden.
Liegst in der Krippe ohne Klamotten.
Brauchst weder Geld noch Orden.
Jesus erlöse uns aus unserer Not.
Bewahre uns vor Verwirrung und vorm ewigen Tod.
Gib uns Frieden, Liebe und mir bitte flüssiges Brot.
Amen

#117 Weihnachtsfrieden

Ach, wäre doch Frieden
uns allen beschieden.
Zur Weihnachtszeit
gar weltweit.
Ich träume diesen Traum
unterm Weihnachtsbaum
nach zwei Flaschen Bier
- natürlich Weihnachtsbier.

#118 Weihnachten

Weihnachten.
Daheim übernachten.
Den Christbaum betrachten.
Nicht aufs Cholesterin achten.
Den Schoko-Nikolaus schlachten.
Zu Fernsehschnulzen schmachten.
Und für schöne, heitere Weihnachten
gilt es natürlich unbedingt zu beachten,
genügend Bier in den Keller zu verfrachten.

#119 Morgens, 24. Dezember

Frieden und Schnee liegen auf dem Land.
Unsere Gläser sind gefüllt bis zum Rand.
Heiligabendmorgen ist heute.
Um uns rum lauter nette Leute.
Wir stimmen und trinken uns ein
mit Bier, Whisky-Cola und Wein.
Mit jedem Glas werden angenehm schwerer unsere Glieder;
Der süße weihnächtliche Frieden hat uns wieder.
Mein Handy klingelt, habe den Nikolaus an der Strippe.
Er prostet mir zu: „Ein Prost auf das Kind in der Krippe."

#120 Vom Schenken und Beschenktwerden

Zu Weihnachten soll man beim Schenken zunächst an die anderen denken,
aber nicht vergessen, sich selber mit Weihnachtsbier zu beschenken.
So habe ich auch an mich gedacht
und mich mit Geschenken bedacht.
Ich wickle nun freudig ab das Geschenkpapier.
und freue mich schon aufs nächste Weihnachtsbier.

#121 Heute

Silvester - Um uns rum knallen die Sektkorken.
Wir trinken auf gestern, heute und morgen.
Gestern ist vorbei.
Morgen erwartet uns ungewisses Allerlei.
Heute ist der Tag, der zählt.
Wir haben als Getränk Bier gewählt.

#122 Vorsätze fürs neue Jahr

Weniger Bier saufen, mehr laufen.
Oder doch lieber -
Noch mehr saufen, noch weniger laufen?

#123 Neujahrsbeginn

Das neue Jahr kann nur gewinnen,
tut man's mit einem Küsschen beginnen.
Danach mit Bier und Sekt anstoßen.
Dann weiter seinen Schatz liebkosen…

#124 Sternhagelvolle Sternsinger

Mancher Sternsinger liebt wie wir
Schnaps, Wein und Bier.
Längst schon wissen die Experten,
des Sternsingers Kehle muss mit Alkohol geölt werden.
Sie singen, segnen, sammeln Spenden, wünschen ein
„Zum Wohl"!
Und mancher König ist am Ende sternhagelvoll.
Und ist der Sternsinger eine Frau,
dann ist sie eben sternhagelblau.
Das Sternsingen ist ein alter Brauch.
Dabei zu Trinken aber auch.

#125 Nicht nur zur Weihnachtszeit

Weil ich Weihnachten so sehr mag,
feiere ich ein bisschen Weihnachten jeden Tag.
Ich mag Liebe, Freude, Frieden und Harmonie.
Diese Vier findet man sonst so nie.
Ich spüre diese geliebten Vier
beim gemeinsamen Genuss von Bier mit dir.
Als tägliches Weihnachtsgeschenk wünsche ich mir
jeden Tag ein leckeres Bier, am liebsten getrunken mit dir.

#126 Düsseldorfer Osterhase

Was hoppelt denn da über den Düsseldorfer Asphalt?
Es ist ein Osterhäschen aus dem nahen Wald.
Es kommt auf mich zu
und im Nu
lädt es mich ein auf ein Alt.

#127 Osterbier

Friede, Freude, Eierkuchen –
wir sind heute am Eiersuchen.
Und haben wir nach Stunden
endlich alle Ostereier gefunden,
spätestens dann, öffnen wir
unsere erste Flasche Osterbier.

 **Mit Bier durchs Jahr**

Durstig am Jahresanfang,
durstig das ganze Jahr lang.

Wenn's im Frühjahr regnet und draußen wird's nass,
dann trinken wir unser Bier drinnen und haben Spaß.

Ob der Sommer heiß und schwül
oder der Herbst neblig und kühl,
Durst haben wir immer.
Ohne Bier wird er noch schlimmer.

Auch wenn's im Winter schneit,
wissen wir Bescheid:
Gutes Bier
wollen wir.

Und geht das alte Jahr zu Ende,
kommt die Wintersonnenwende.
Ihr zur Ehr
trinken wir ein Weihnachtsbier leer.

Mit Bier durchs Jahr,
ist doch klar!

#129 Bierliebende Seele

Ich gebe meiner Seele heute Auslauf
und rufe ihr zu: Sauf. Sauf.
Das lässt sie sich nicht dreimal sagen
und schlägt sich voll ihren Seelenmagen.
Meine Seele, sie liebt Bier.
Sie ist ja auch ein Stück von mir.

#130 Verträglichkeit

Er mag Bier so sehr,
drum trinkt er davon mehr,
als sein Magen
kann vertragen.
Enorm, wie viel Bier er saufen kann.
Mannomann.

#131 Schädelweh

Sind Bier und Wein auch noch so edel,
trinkst du zu viel davon, hast du einen dicken Schädel.

#132 König Bier

Ob du Bier trinkst oder nicht, bleibt dir unbenommen,
aber dem Biere wirst du nicht entkommen.
Bier holt dich ein, wenn nicht heute dann morgen,
oder vielleicht auch erst übermorgen.
Du wirst es immer wieder trinken und es wird dir schmecken.
Aber wenn du ständig zu viel davon trinkst, wirst du daran verrecken.

#133 Dummdödel

Dummdödel-dumm,
Bier bringt dich nicht um.
Bier macht dich erst munter,
dann zieht dich Bier herunter.
Aber sei's drum,
Bier bringt dich nicht um.
Wenn Bier mit dir ringt,
pass auf, dass es dich nicht bezwingt.
Ein Mann ist dann ein Mann,
wenn er rechtzeitig aufhören kann.

#134 Biervertrautheit

Hat man auf Sand gebaut,
wenn man dem Bier sich anvertraut?
Natürlich nicht,
sagt dir dies Biergedicht.
Mit Bier kriegst du für dein Bares
viel Wahres, viel Wunderbares.
Nur übertreib's nicht mit der Biervertrautheit,
das wäre sonst eine große Dummheit.

#135 Crystal Meth

Von Crystal Meth und Co
gehen wir k. o.
Maßvoller Biergenuss dagegen
ist ein wahrer Segen.
Drogen sind ein Griff ins Klo.

Bier dagegen schmeckt gut,
ist legal, tut gut.
Wir halten uns an Bier,
denn Bier lieben wir.

#136 Auf den Punkt gebracht

Mäßiges Biertrinken ist weise.
Unmäßiges dagegen scheiße.

#137 In Maßen

Schöne Gefühle stellen sich ein
beim maßvollen Genuss von Bier oder Wein.
Egal, welches du auch trinkst von beiden,
Freude und Zuversicht werden dich begleiten.
Doch Vorsicht, trinke nicht zu viel von beiden,
sonst lassen sich Nachwehen kaum vermeiden.

#138 Vernünftig trinken

Säufst du Bier im Unverstand,
fährst du dein Leben gegen die Wand.
Drum trinke Bier mit Vernunft
und dir gehört die Zukunft.

#139 Bier-Verträglichkeit

Ein Bier täglich
macht das Leben erst verträglich.
Aber bei mehr als deren drei,
ist's mit der Verträglichkeit vorbei.
Gib auf deine Gesundheit Acht
und trinke deshalb mit Bedacht.

#140 Sauwohl

Er huldigt dem Bieralkohol
und fühlt sich dabei sauwohl.
Bis einschließlich Bier Nummer neun
kann er sich am Bier erfreu'n.
Aber ab Bier Nummer zehn
fängt's an, in seinem Kopf zu dreh' n.
Er fühlt sich dann nicht mehr so gut,
vor allem weil dabei sein Kopf weh tut.

#141 Gratwanderung

Bier ist eine Gottesgabe,
an der man sich vernünftig labe.
Bier wird zum Teufelszeug dann,
wenn man mit dem Trinken nicht mehr aufhören kann.
Nach 10 Bier, das weiß ein jeder,
wird das Bier zum Übeltäter.
Pass also auf. Komm nicht unter die Räder.

#142 **Erster Schritt**

Jeder Suff beginnt mit einer ersten Portion Alkohol.
Jawohl!
Dieser erste Schluck kann ein Bier sein,
ein Schnaps oder ein Gläschen Wein.
Und ehe du dich versiehst, bist du voll.

#143 **Zu viel des Guten**

Als Jugendlicher vom Bier betört.
Als Säufer später vom Bier zerstört.
Vorsicht vor zu viel des Guten,
tu dir nicht zu viel Bier zumuten.

#144 **König Alkohol**

Lass dich mit König Alkohol nicht zu sehr ein,
welcher steckt in Schnaps, Bier und Wein.
Er könnte sonst dein Untergang sein.

145 Liebesbeweis

Sei gut zu Mensch und Tier,
aber ganz besonders zu mir.
Als Liebesbeweis
wünsche ich mir von dir,
nein, kein Schokoeis,
sondern ein gut gezapftes Weizenbier!

146 Säufer

Seine innere Stimme sagt ihm: „Sauf!"
Und so lässt er seinem Durst freien Lauf.
Nach 10 Bier speit er in einen Sektkübel
und vorbei ist's mit dem Brechreiz-Übel.
Und so sagt er sich: „Sauf weiter! Sauf!

147 Palim

Palim-Palim. Palim-Palu.
Ich trinke Bier. Und was trinkst du?
Klimbim-Klimbim. Klimbim-Klimbier.
Was denn sonst. Natürlich Bier!

#148 Gute Freunde

Gute Freunde darf man nicht verletzen.
Gute Freunde lassen sich durch nichts ersetzen.
Lade dir gute Freunde ein
und habt Spaß bei Bier und Wein.

#149 Jugendwort 2016

Als Jugendwort 2016 wurde „fly sein" gekürt.
Es hat letztendlich vor „Hopfensmoothie" geführt.
Nach Hopfensmoothies fly sein,
bedeutet nach Bier auf eine spezielle Art high sein.
Isso. Hundertpro.

#150 Lass trinken

Sie trinkt Kaffee täglich 10 Tassen.
Er trinkt Bier auch in Massen.
So hat halt jeder sein Pläsir.
Die einen ihren Kaffee, die anderen ihr Bier.
Mein Motto: Trinken und trinken lassen!

#151 Erste-Hilfe-Bier

Ich falle
und knalle
auf die Straße.
Die Brille rutscht mir von der Nase.
Ich bin benommen
und sehe alles verschwommen.
Zur Hilfe kommst du mir
und reichst mir ein Bier.
Die Lebensgeister kehren zurück
- welch großes Glück.

#152 Lebenslustbier

Gegen Frust
hilft Lebenslust!
Gutes Bier verschafft dir Lust am Leben.
Darauf lasst uns gleich eines heben.

#153 Durstvertreiber

An Durst muss man nicht leiden.
Den Durst kann man meiden.
Man trinke zeitig ein Bier, besser zwei
und mit dem Durst ist's erst mal vorbei.

#154 Von Maurern und anderen

Ein Maurer baut.

Ein Dieb klaut.

Der Maurer ein Haus.

Der Dieb ein Bier daraus.

Ein Brauer braut.

Einer läuft.

Ein anderer häuft.

Der eine um die Welt.

Der andere sein Geld.

Ein Säufer säuft.

Ein Bier mundet.

Ein Besoffener umrundet.

Das Bier auch der Eule.

Der Besoffene eine Litfaßsäule.

Der Betrunkene wieder gesundet.

Ein Maurer mauert.

Altes Bier versauert.

Der Maurer eine Brauerei.

Versauertes Bier ist eine Sauerei.

Das arme Bier wird von mir bedauert.

#155 Wer

Die Lage ist höchst prekär.
Wo kriege ich ein Weizen her?
Denn ich spüre großen Durst in mir
und brauche schnell ein Weizenbier.
Wer hilft mir schnell, wer?

#156 Unsere Kneipe

Was sollte mich in die Kneipe locken,
wenn ich daheim auch Bier und Wein hab?
Den beiden kann ich auch daheim frohlocken
und das nicht zu knapp.
Doch allein daheim
schmecken Bier und Wein,
so will's nicht nur der Reim,
nicht gar so fein.
Drum suchen wir das Weite
und trinken Seite an Seite
Runde um Runde
Stunde um Stunde
in unserer Kneipe,
unserer zweiten Bleibe…

#157 Kernaussage

Was liegt mir nah und nicht fern?
Ich trinke und dichte gern.
Und mein innerer Kern ist somit was?
Na, Bier, das hopfig-vergorene Nass!

#158 Flüssiges Glück

Suchst du ein Stück
vom großen Glück,
dann nimm einen Schluck,
gluck, gluck,
vom Bier, dem flüssigen Glück.

#159 Goldener Herbstfeiertag

Heute ist ein schöner Tag,
lasst uns den Tag genießen.
Ein Feiertag wie ich ihn mag.
Lasst uns den Tag mit Bier begießen.
Raus dabei in die herbstliche Sonne.
Raus in den Garten, in die Natur.
Ein Tag voller Freude und Wonne.
Ein Tag mit Freunden und Bierkultur.

#160 Kreatur

Ich liebe die Natur
und so auch fast jede Kreatur.
Würde Bier auch zu den Kreaturen gezählt,
hätte ich mir Bier als eine der Liebsten erwählt.
Als solche geliebte Kreatur hätte Bier bei mir
im Keller sein Quartier.
Ich würde die Bierkreatur oft besuchen
und dann von ihr versuchen.
Ein Prost auf die Natur!
Ein Prost auf jede Kreatur!

#161 Einmaliges Bier

Ein Brauer experimentierte ständig beim Brauen.
Tatsächlich gelang ihm ein Bier, das hat jeden umgehauen.
Leider war er aber gerade beim Brauen dieses Bieres dicht.
Deshalb erinnerte er sich später an dessen Rezeptur nicht.
So war er nie mehr in der Lage, es nachzubrauen.

#162 Genießer-Bier

Unser Blut fließt rot und heiß,
doch wer weiß.
Vielleicht sind wir morgen schon tot,
dann fließt es nicht mehr heiß und rot.
Deshalb soll heute etwas Bier drin fließen.
Wir wollen heute unser Leben genießen.
Prost!

#163 Kneipwandung

Ei der Daus.
Geht zu Haus
das Bier uns aus,
machen wir uns nichts daraus.
Wir gehen dann hinaus
und wandern
von einer Kneip zur andern.
Wir wandern frohen Mutes,
kehren ein und tun uns Gutes.

#164 Vom Lieben und Geben

Du gibst,
weil du mich liebst,
ein Bier mir.
Ich danke dir dafür.

Das nächste Bier
bekommst du von mir,
weil auch ich
liebe dich.

#165 Gelalle

Nach 10 Bier versteht man nicht,
was er spricht.
Sein Kopf ist leer,
seine Zunge schwer.
Er lallt und lallt.
Bestimmt wird's besser – bald.

#166 **Dromedar**

Ein Dromedar
saß an der Bar.
Es trank an Gläsern vier mal vier
vom ach so leckeren Weizenbier.
Das es dann besoffen war, ist klar.

Jahre später saß dies Dromedar
wieder an derselben Bar.
Alle dachten, es säuft 16 Bier wieder.
Nein, diesmal rang es 2 Flaschen Whisky nieder.
Was für ein seltsames Dromedar, das doch war.

(Und die Moral von der Geschicht,
Geschichte wiederholt sich nicht.)

#167 **Schön und sinnvoll**

Lächle mehr als die anderen.
Liebe mehr als die anderen.
Trinke Bier mit den anderen.
So hast du hoffentlich am Ende viel gelächelt,
viel geliebt und genügend Bier mit anderen getrunken.
Es gibt letztendlich wenig Schöneres und Sinnvolleres
als zu lächeln, zu lieben und Bier mit Freunden zu
trinken.

#168 **Tipp für den Abend**

Um den Tag schön abzurunden,
trinke Bier in den Abendstunden.

#169 **Aufs Leben**

Wir welken
wie die Nelken.
Die alte Frucht verdirbt,
der alte Mensch, er stirbt.
So sehr wir uns auch mühen,
wir verblühen.
Wir sind verderblich,
nicht unsterblich.
Wir alle sind bedroht
vom Tod.
Da wir's nicht ändern können,
lasst uns ein Bierchen gönnen.
Noch leben wir.
und trinken Bier.
Ein Prost auf ein hoffentlich langes Leben!
Ein Prost auf all das, nach was wir streben!

#170 Trinkt Bier

Freunde, trinkt Bier solange ihr noch am Leben seid!
Fürs Nichtbiertrinken bleibt noch im Tode viel Zeit!
Liebe Freunde, noch leben wir
und wir trinken noch viel Bier!

#171 Begrenztheit

Wir leben nicht ewig. Unsere Zeit ist begrenzt.
Darum hab ich uns schnell ein Bier kredenzt.

#172 Bierlyrik

Durstige Verse.

Gehopfte Reime.

Gebraute Limericks.

Malzige Strophen.

Weizenbierrhythmus.

Hefiges Versmaß.

Schaumige Silben.

Alkoholisierter Jambus.

Exportierter Bierzeiler.

Berauschender Trochäus.

Verkaterte Schüttelreime.

#173 Ungemein

Gegen den Durst wird Bier gebraut.
Zum Genießen trinkt man Wein.
Beide sind unterschiedlich aufgebaut,
aber ich liebe sie beide ungemein.

Am Wein sollst du nippen,
das Bier kannst du kippen.
Denn Bier ist für den Durstigen gedacht.
Der Durst hat sich erst mit viel Bier davongemacht.

#174 Bierfähnchen

Der Mensch stinkt,
nach was er trink.
Manchmal hilft ein Fruchtbonbon
dagegen hinterher dann aber schon.

#175 Ende

Am Ende ist das Bierfass leer.
Ist das Bierfass noch nicht leer,
dann ist's noch nicht das Ende.
Prost. Zum Wohl. Trinkt Freunde.

#176 Bier - orale Musik

Wäre Bier Musik,
versüßte sie mir akustisch den Augenblick.
Sie brächte mich in Schwung, würde mich betören.
Ich wollte sie täglich mehrmals hören.
Sie wäre keine Sinfonie wie der Wein.
Biermusik würde eher Rockmusik sein.

#177 Lebt wohl

Ade. Auf Wiedersehen. Servus. Lebt wohl!
Wir trinken noch ein Bier auf unser Wohl!
Aber Vorsicht, Martin, Conny und Fabian,
denkt immer daran:
Je mehr Bier, umso mehr Alkohol!

#178 Bierzählreim

Eins, zwei, drei.
Beim Biertrinken bin ich mit dabei.
Eins, zwei, drei, vier.
Her mit der nächsten Halbe Bier.

#179 Bis zum Abwinken

„Wir trinken, trinken, trinken
Bier bis zum Abwinken."
Das spricht der Penner,
der wahre Bierkenner.

#180 Bin dabei

Ich komme, bin dabei.
Komme allein, trinke Bier für zwei.

#181 Auserkoren

Ob ober- oder untergärig,
Hauptsache vergoren.
Wir trinken Bier ganzjährig.
Wir haben uns Bier auserkoren.

#182 Spaß

Er trinkt heute Bier, bis er nicht mehr kann,
denn für ihn ist heute Bier trinken Fun.
Mannomann.
Es macht ihm heute Spaß,
Bier zu trinken ohne Unterlass.
Einzig Spaß ist der Trinkanlass.

#183 **Lass krachen**

Ob Alfred oder Ina,
ob Richie oder Sabina,
wir lieben, scherzen und lachen,
wir trinken Bier und lassen's krachen.

#184 **Mögen**

Bier mag ich.
Wein mag ich.
Beide trinke ich pur.
Dich mag ich nicht nur,
dich liebe ich <3

#185 **Seid fröhlich**

Hey ihr armen Tröpfe!
Schüttet Bier in eure Köpfe!
Der Alkohol steige in die Hirne
und mache rot jedermanns Birne.
Trinkt und seid fröhliche Geschöpfe.

#186 Restalkohol

Er isst und trinkt heute nicht,
denn er ist noch dicht.
Er hat noch 2 Promille Restalkohol,
die tun ihm gar nicht wohl.
Erst schüttete er 10 Bier in sich rein,
dann noch eine halbe Flasche Wein.
Nach dieser heftigen Sause,
macht er heute mal eine Pause.

#187 Städtepartnerschaft

Ein Mann aus Wien
traf eine Frau aus Berlin
in einem Biergarten,
um gemeinsam durchzustarten.
Über ihnen kreiste ein Hofbräu-Zeppelin.

#188 Festes Bier

Wäre Bier fest und nicht flüssig,
wäre man Bier bald überdrüssig.
Gott sei Dank ist Bier nicht fest.
Beer simply is the best.

#189 **Einfach gut**
Mit "Ist Bier etwa ungesund" schwirrt
ihm eine Frage durch den Kopf, die verwirrt.
Aber er weiß ja Bescheid und bleibt unbeirrt:
Bier tut
einfach gut!

#190 **Bedrückend**
Am Wochenende wird viel Bier verdrückt,
damit man berauscht der Welt entrückt.
Das ist weniger entzückend
als viel mehr bedrückend.
Auf jeden Fall ist's verrückt.

#191 **Bierzoll**
Sucht lässt dich Grenzen überschreiten.
Sucht schafft Abhängigkeiten.
Alkoholsucht fordert ihren Zoll
in Form von täglich Bieralkohol.

192 Gute-Nacht-Bier

Draußen ist's stockfinstere Nacht.
Selbst der Mond hat sich davongemacht.
Ich werde jetzt noch ein Bier trinken,
um leichter in den Schlaf zu sinken.
Gute Nacht!

193 Irgendwie

Irgendwie, irgendwo und irgendwann
fängt fast jeder mal Bier zu trinken an.
Hat dem das Bier sehr gut geschmeckt,
hat der vielleicht Bier für sich entdeckt.

194 Happy

Beer happy.
Be happy.

195 Im Akkord

Ich könnte Bier trinken in einem fort.
Beim Biertrinken trinke ich im Akkord

#196 **Ein Philosoph**

Bier soff
ein Philosoph,
um besser zu philosophieren.
Besoffen kroch er dann auf allen Vieren.
Er konnte nicht mehr seinen Namen buchstabieren.
Nach kurzem Zoff
er nicht mehr soff.

#197 **Warnung**

Bier saufen in einem fort,
ist kein Sport,
sondern Mord.
Selbstmord.

#198 **Irrungen**

Wenn der Wirt
sich irrt,
kann's sein,
er bringt dir ein Glas Wein
statt einer Halben Bier.
Na ja, nicht so schlimm, denke ich mir.
Ist's aber kein Wein sondern Traubensaft,
ist das was, das ich dann doch nicht verkraft.

#199 Gutes Bier

Stellt sich anderntags kein Kopfweh ein,
wird das Bier wohl gut gewesen sein.

#200 Werbung in eigener Sache

Schnell meine Bier-Bücher kaufen
und sie mit den Augen aussaufen.
Danach darf man noch Auto fahren.
Aspirin könnt ihr euch auch sparen.

#201 Bier-Dichter

So mancher ist dicht von zu viel Bier.
Aber der Titel „Bier-Dichter" gehört mir.

#202 Raubtier Alkohol

Trinkst du Bier regelmäßig in großen Mengen,
hält dich der Alkohol bald in seinen Fängen.
Der Alkohol ist ein Raubtier.
5 % von ihm sind auch im Bier.

#203 Winzer und Brauer

Des Winzers Bestreben
gilt seinem Wein und seinen Reben.
Der Brauer kümmert sich ums Bier.
Wein und Bier lieben wir.
Prost! Auf ein langes Leben!

#204 Geburtstagswünsche

Zu deinem Geburtstag wünsche ich dir,
viele Küsse und einen Kasten Weizenbier.

#205 Biereslust

Du fühlst Lust
in deiner Brust
und im Bauch
auch.
Drum mache dir ein Bierchen auf.
Und lasse den Dingen ihren Lauf.
Sauf. Sauf. Sauf.

#206 Um 180 Grad

Fühlst du dich falsch, nicht richtig.
Fühlst du dich fehl am Platz, unwichtig.
Dann ändere das.
Dann mach etwas.
Dreh dein bisheriges Leben mal um 180 Grad.
Statt mit dem Auto fahr mit dem Rad.
Trankst du Wein, dann trinke Bier.
Trankst du zwei, dann trinke vier.
Vielleicht hilft's, vielleicht auch nicht.
Warst du früher nüchtern, bist du jetzt dicht.

#207 Himmlisch

Den Himmel auf Erden
findet man in Kneipen und Biergärten.

#208 Biertrinken

Wir schauen nach vorn und zurück.
Aber lieben tun wir den Augenblick.
Denn im Moment trinken wir Bier.
Und Bier zu trinken, lieben wir.
Prost. Prost.

#209 **Mit Bier betrieben**

Bier ist eine meiner großen Lieben.
Ich habe mich dem Bier verschrieben.
Ich dichte
Biergedichte.
Und werde mit Bier betrieben.

#210 **Trinken und schreiben**

Ich habe schon viele Biere „vernichtet"
und darüber gedichtet.
Ich werde am Ball bleiben,
weiter trinken und Biergedichte schreiben.

Inhaltsverzeichnis

#1	Lebensfreude	7
#2	Dankbarkeit	7
#3	Gesunde Tropfen	7
#4	Herrlich so ein Bier	8
#5	H_2O	8
#6	Sandmännchen	8
#7	Trinke	8
#8	Bier-Kalibration	9
#9	Warum?	9
#10	Goldene Bierregel	9
#11	Knaller-Bier	9
#12	Heiter	10
#13	Bier-Wein-Wunder	10
#14	Wir	10
#15	Inspirationsbier	11
#16	Vorfreude auf Fußball	11
#17	Stoßgebet	12
#18	Gott mag Bier	12
#19	Faszinierend	12
#20	Genügend Bier	13
#21	Entspannung pur	13
#22	Unwiderstehlich	13
#23	Sonne, Mond und Sterne	14
#24	Zauberkraft	14
#25	Alkoholmenge	15
#26	Bierig-bitter	15
#27	Gut	15
#28	Geständnis	16
#29	Möglich	16
#30	Am schönsten	16
#31	Ich liebe dich	17
#32	Allabendlich	17
#33	Ohne dich	18
#34	Herzensdiebin	18
#35	Voll Glück	18
#36	Immerhin Bier	19
#37	Kneipgänger	19

#38	Durstlöscher	19
#39	Bier-Erfindung	20
#40	Durst nach Bier	20
#41	Ganz egal	20
#42	Mit Bier	21
#43	Guter Plan	21
#44	Guter Plan B	21
#45	Liebe zu Bier	22
#46	Schwupps	22
#47	Treue	22
#48	Kopfschüttel-Bier (zur US-Präsidentschaftswahl am 9.11.2016)	23
#49	Trump	23
#50	America first	24
#51	Feinde	24
#52	Lächeln :-)	24
#53	Tierchen	25
#54	Vier gewinnt	25
#55	Woher kommt was?	25
#56	Wer	26
#57	Wahrheit	26
#58	So und nicht anders	26
#59	Bauernregel	27
#60	Biertrinken mit Weitblick	27
#61	Nur ein Traum	28
#62	Paradiesisch	28
#63	Wie Dynamit	28
#64	Sinnlich	29
#65	Tag des Lächelns (1. Freitag im Oktober)	29
#66	Stimmung im Bierzelt	29
#67	Biertrinkgründe	30
#68	Frei	30
#69	Gern	30
#70	Zu deinem Glück	31
#71	Ich – Alfred Reichel	31
#72	Gefallen	31
#73	Zuprosten	32
#74	Glauben, Liebe, Hoffnung	32

#75	Weise	32
#76	Liebeswirkung	33
#77	Große Liebe	33
#78	Die Beste	33
#79	Vermisse dich	34
#80	Liebessucht	34
#81	Du und ich	34
#82	Liebeserklärung	35
#83	Lieben	35
#84	Schrei	36
#85	Frauen	36
#86	Liebeskummer	37
#87	Ohne Wert	37
#88	Geliebt	38
#89	Verlassen	38
#90	Verkateter Liebeskummer	38
#91	Liebesaus	39
#92	Die Liebe	39
#93	Vergessen	39
#94	Belohnung	39
#95	Aufbruch	40
#96	Winterzeit	40
#97	Geschenk	41
#98	Weihnachtliche Vorfreude	41
#99	Rauscheengel	42
#100	Adventszeit	42
#101	Weihnachtsbier	42
#102	Weihnachtslimerick	43
#103	Adventskranz und Bier	43
#104	Bierglas	43
#105	Winter	44
#106	Zum Wohl	44
#107	Weihnachtsmarkt	45
#108	Heimweg vom Weihnachtsmarkt	45
#109	Jesuskind	46
#110	Gedanken zum Advent	46
#111	Prost mit Weihnachtsbier	47
#112	Weihnachtsfeier	47
#113	Breit	48
#114	O Gott	48

#115	Bierige Weihnachtsgaben	48
#116	Lieber Jesus	49
#117	Weihnachtsfrieden	49
#118	Weihnachten	50
#119	Morgens, 24. Dezember	50
#120	Vom Schenken und Beschenktwerden	51
#121	Heute	51
#122	Vorsätze fürs neue Jahr	51
#123	Neujahrsbeginn	52
#124	Sternhagelvolle Sternsinger	52
#125	Nicht nur zur Weihnachtszeit	53
#126	Düsseldorfer Osterhase	53
#127	Osterbier	53
#128	Mit Bier durchs Jahr	54
#129	Bierliebende Seele	55
#130	Verträglichkeit	55
#131	Schädelweh	55
#132	König Bier	56
#133	Dummdödel	56
#134	Biervertrautheit	57
#135	Crystal Meth	57
#136	Auf den Punkt gebracht	57
#137	In Maßen	58
#138	Vernünftig trinken	58
#139	Bier-Verträglichkeit	58
#140	Sauwohl	59
#141	Gratwanderung	59
#142	Erster Schritt	60
#143	Zu viel des Guten	60
#144	König Alkohol	60
#145	Liebesbeweis	61
#146	Säufer	61
#147	Palim	61
#148	Gute Freunde	62
#149	Jugendwort 2016	62
#150	Lass trinken	62
#151	Erste-Hilfe-Bier	63
#152	Lebenslustbier	63
#153	Durstvertreiber	63
#154	Von Maurern und anderen	64

#155	Wer	65
#156	Unsere Kneipe	65
#157	Kernaussage	66
#158	Flüssiges Glück	66
#159	Goldener Herbstfeiertag	66
#160	Kreatur	67
#161	Einmaliges Bier	67
#162	Genießer-Bier	68
#163	Kneipwandung	68
#164	Vom Lieben und Geben	69
#165	Gelalle	69
#166	Dromedar	70
#167	Schön und sinnvoll	70
#168	Tipp für den Abend	71
#169	Aufs Leben	71
#170	Trinkt Bier	72
#171	Begrenztheit	72
#172	Bierlyrik	72
#173	Ungemein	73
#174	Bierfähnchen	73
#175	Ende	73
#176	Bier - orale Musik	74
#177	Lebt wohl	74
#178	Bierzählreim	74
#179	Bis zum Abwinken	75
#180	Bin dabei	75
#181	Auserkoren	75
#182	Spaß	75
#183	Lass krachen	76
#184	Mögen	76
#185	Seid fröhlich	76
#186	Restalkohol	77
#187	Städtepartnerschaft	77
#188	Festes Bier	77
#189	Einfach gut	78
#190	Bedrückend	78
#191	Bierzoll	78
#192	Gute-Nacht-Bier	79
#193	Irgendwie	79
#194	Happy	79

#195	Im Akkord	79
#196	Ein Philosoph	80
#197	Warnung	80
#198	Irrungen	80
#199	Gutes Bier	81
#200	Werbung in eigener Sache	81
#201	Bier-Dichter	81
#202	Raubtier Alkohol	81
#203	Winzer und Brauer	82
#204	Geburtstagswünsche	82
#205	Biereslust	82
#206	Um 180 Grad	83
#207	Himmlisch	83
#208	Biertrinken	83
#209	Mit Bier betrieben	84
#210	Trinken und schreiben	84

Bisher sind von Alfred Reichel beim Verlag Books on Demand GmbH folgende Bücher erschienen:

Frisch eingeschenkt – Biergedichte der besonderen Art, 2017

Goldene Biergedichte, 2016

Bierhaltige Gedichte, 2016

Tierisch gute Bier-Gedichte, 2015

Nicht nur Biergedichte, 2015

Bier-Lyrik, 2014

Bier-Liebes-Gedichte, 2013

Noch mehr Bier-Gedichte, 2013

Bier-Gedichte, 2012